EJERCICIOS
DE CALENTAMIENTO
PARA GUITARRA

John Stix y Yoichi Arakawa

I0808138

HAL•LEONARD®
CORPORATION
7777 W. BLUEMOUND RD. P.O. BOX 13819 MILWAUKEE, WI 53213

INTRODUCCION

Tocar la guitarra es, probablemente, no menos violento que jugar al futbol. Ambos demandan talento, habilidad, fuerza, velocidad, agilidad y contacto. Y en orden a tocar o jugar, una vez la música o el balón están en marcha, todos nuestros miembros tienen que trabajar juntos para conseguir que la acción se produzca. Hay que empujar y golpear, parar bruscamente y alumbrar rápidos cambios de dirección. No es algo que se pueda hacer bien si no estás en forma para hacerlo. Y una de las peores cosas que se puede hacer, en ambos casos, es actuar a fondo sin un precalentamiento. Haz esto y estarás condenado a lastimarte. Puede que no hoy mismo, pero en algún momento tocar o jugar se convertirá en algo doloroso y, más allá, en algo peligroso.

Para educarnos sobre como los profesionales se ponen a punto antes de subir al escenario, hemos preguntado a once guitarristas sobre sus rutinas de calentamiento. Pero para conseguir que el balón ruede –o mejor, que la sangre circule– los autores ofrecen las siguientes observaciones, para cuando trabajes con cualquiera de los ejercicios de este libro.

Descubrimos que, normalmente, cualquier ejercicio de calentamiento o de digitación, nace de los esfuerzos del guitarrista para superar la dificultad de un determinado pasaje de una canción o de un lick difícil. Entonces prueba de inventar un ejercicio que le ayude o facilite la técnica o destreza necesaria para tocar estas partes difíciles. Así es como cualquier ejercicio o práctica debería ser. Debería ser siempre referido a o en consideración de la música que estás intentando tocar. Una vez que tu captes la idea de nuestros guitarristas, inventa tus propios ejercicios de calentamiento, adecuados a tus propias necesidades y al tipo de música que estás tocando.

Situados a un cierto nivel, mientras Eddie Van Halen puede recurrir a su baterista y hermano Alex, cuando precisa de una rutina en la que moverse, el resto de nosotros probablemente recurriremos a la fiel unidad de ritmo o a un metrónomo. Tony MacAlpine recalca la importancia de tocar con una unidad de ritmo, diciendo: "Cuando practicas con una unidad de ritmo o un metrónomo puedes meterte en el ritmo. Es muy fácil cometer errores de ritmo. Si no tienes una buena comprensión de como son las influencias rítmicas, te sentirás perplejo con una unidad de ritmo. Con una unidad de ritmo puedes recaer en el tiempo, puedes reposar en la rutina, o afrontar el tiempo. El metrónomo es rígido. Es difícil de deformar. El metrónomo es un profesor inflexible".

Una regla universal es empezar siempre los calentamientos lentamente e incrementar el tempo gradualmente. Esfuérzate por una ejecución suave, clara y segura. Evita ensuciar, precipitarte o arrastrar. Recuerda que estas ideas no son sólo buenas para los calentamientos, sinó también un reforzamiento de tus dedos.

Una vez aprendas un ejercicio, olvídate de la partitura, ya que así podrás concentrarte en tu propia ejecución.

EXPLICACION DE LA TABLATURA

La tablatura es un lenguaje gráfico por números, que te indica la notas a tocar en el diapasón. Cada una de las seis líneas representa una cuerda de la guitarra. Los números en cada línea indican sobre que traste debes presionar. Ten en cuenta que la tablatura no indica el ritmo.

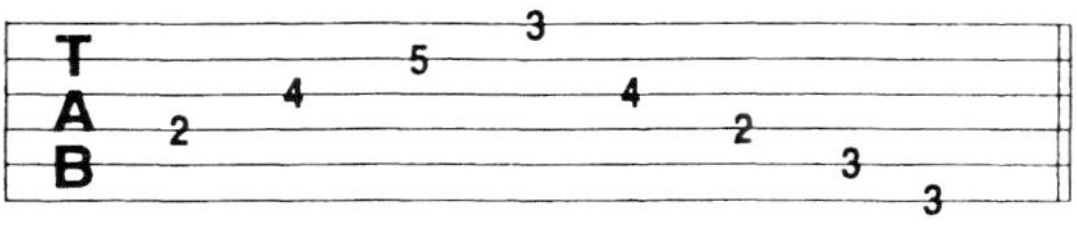

1ª cuerda E
2ª cuerda B
3ª cuerda G
4ª cuerda D
5ª cuerda A
6ª cuerda E

LECTURA DE LA NOTACION

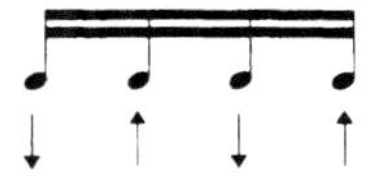

↓ = pulsación abajo
↑ = pulsación arriba

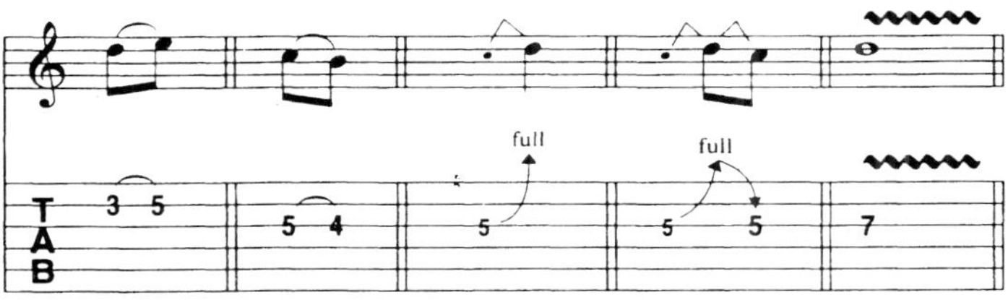

Hammer-on | Pull-off | Bend (1 tono) | Bend y Relajar | Vibrato

Hammer-on:
Pulsa la primera nota (la más baja), entonces haz sonar la nota más alta, con otro dedo, presionando en su traste correspondiente, pero sin pulsarla.

Pull-off:
Situa sendos dedos sobre las notas a sonar. Pulsa la primera nota (la más alta) luego haz sonar la nota más baja, retirando el dedo de la nota más alta, mientras mantienes la nota más baja presionada sobre el traste.

Bend (1 tono):
Pulsa la nota y desplázala arriba un tono (dos trastes).

Bend y Relajar:
Pulsa la nota y desplázala arriba un tono, entonces relaja el desplazamiento para regresar a la nota original. Las tres notas están ligadas juntas, pero sólo se pulsa la primera nota.

Vibrato:
Vibra la nota por medio de desplazar y relajar rápidamente la cuerda, usando el dedo de la mano izquierda, la muñeca y el antebrazo.

Número de dedo:
Un número se situa junto a cada nota.

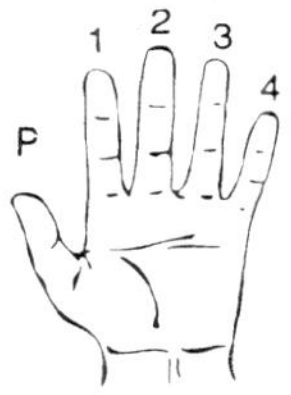

P= Pulgar
1= Dedo índice
2= Dedo corazón
3= Dedo anular
4= Dedo meñique

ESTIRAMIENTOS
POR SONNY LANDRETH

"Intengo grabar sobre la gente y en los chavales jóvenes especialmente, que contraigan el hábito de hacer estiramientos una parte de su rutina diaria. La tendonitis no es algo con lo que quieras convivir. Esto es una realidad. Si eres realmente serio y tocas mucho, practicas mucho, o ambas cosas, esto es algo que le puede ocurrir muy fácilmente a cualquiera. Conozco un montón de gente que ha tocado durante largo tiempo y que están peleando con este problema. Puede realmente alterar tu vida.

Estira tus hombros primero, debido a que quieres empezar con ellos. La idea es que tu quieres calentar y distendir los músculos antes de empezar a tocar. Y luego querrás tener distendidos los tendones y músculos después de la ejecución.

Ahora, toma un brazo y crúzalo sobre el otro. Luego toma el brazo frente a tu cara y suavemente tira de él hacia ti, así es estirado. Podrás sentirlo tirando de tu hombro. Haz esto durante unos 20 segundos.

Después de los hombros, empiezo a masajear mi antebrazo. Mi tendonitis está en la curva de mi muñeca, en la parte exterior de la palma, debajo del dedo pequeño. Hay un tendón exactamente allí y está inflamado siempre. Empleo el tiempo necesario para aliviar esta área. Pon tus manos arriba, con los codos hacia fuera, justo más allá de tus hombros. Pon tus manos juntas como si estuvieses rezando. Ahora eleva ligeramente tus codos y podrás sentir el estiramiento.

Otro estiramiento es poner tus palmas que no se encaren a ti. Luego toma una mano y colócala sobre la otra, una palma contra la otra, de modo que una se encare hacia ti y la otra al contrario. Haz que la palma que se encara hacia ti empuje ligeramente a la otra. Imagina tus dedos como uno solo. Lo que estás haciendo es relajar tu antebrazo.

La última cosa es para los dedos individualmente. Estos son unos estiramientos muy moderados. Una mano presiona contra la otra (como si estuvieras rezando), pero con los dedos separados. Presiona una mano contra la otra, tus dedos irán hacia atrás.

Idealmente, si tengo que trabajar mucho, pruebo de emplear al principio de 15 a 20 minutos. Si tengo problemas y necesito un tratamiento más completo, uso de un calor húmedo, pongo un paño húmedo caliente sobre los músculos y, luego, empiezo con los estiramientos. Luego toco tal como siempre lo hago. Al final, cuando he hecho la ejecución, empleo hielo, especialmente en las áreas más prominentes. Idealmente, lo mejor que se puede hacer es disponer de una bolsa con agua helada y poner todo el brazo en ella, como un pitcher de baseball. Como medicina deportiva.

Insisto a la gente que haga esto, debido a que la tendonitis debilita mucho".

Hay cosas que retuercen mis tendones y que practico una y otra vez. Me mata que alguien como Steve Vai pudiera decirme, "Es en serio este lick que has tocado" y dejarme fuera de combate.

*—Joe Satriani**

Por cortesía de *Guitar for the Practicing Musician Magazine*

EJERCICIOS A DOS DEDOS

por STEVE VAI

"¿Has hecho alguna vez aquellos ejercicios con los dedos 1 y 2, de avanzar a través de las cuerdas? Hazlos con tus dedos 1 y 2, desde arriba y descendiendo por el diapasón en semitonos, a cuatro diferentes velocidades de metrónomo. Luego hazlos con tus 1er y 3er dedos. Luego, hazlos con tus dedos 1 y 4. Después, hazlos con tus dedos 2 y 3 de arriba y abajo del mástil. Luego, con los dedos 2 y 4 y, después con los dedos 3 y 4. Se trata de un gran ejercicio, debido a que tus dedos 3 y 4 no tienen tanta fuerza como los 1 y 2. Después haz el ejercicio saltándote un traste. Es el mismo concepto. Utiliza tus dedos 1 y 3 y sáltate un traste, así tendrás dos trastes entre ellos. Prueba hacerlo con los dedos 2 y 3, saltándote un traste, tienes que hacerlo tan nítido como con los dedos 1 y 2. Si puedes hacerlo, créeme, tu perícia mejorará un 100%."

"La velocidad del metrónomo depende del usuario. Tienes que empezar realmente lento, así no cometerás el más pequeño error. Yo ya no puedo hacer ésto. Dios, si tuviera tiempo de sentarme y hacer los ejercicios, esto sería grandioso. Cuando me dedico a hacerlos, uso un metrónomo porque es lo que tengo que hacer."

Ej. 1. Es un ejercicio para combinación de dedos 1-2, 2-3 y 3-4.

Ej. 1

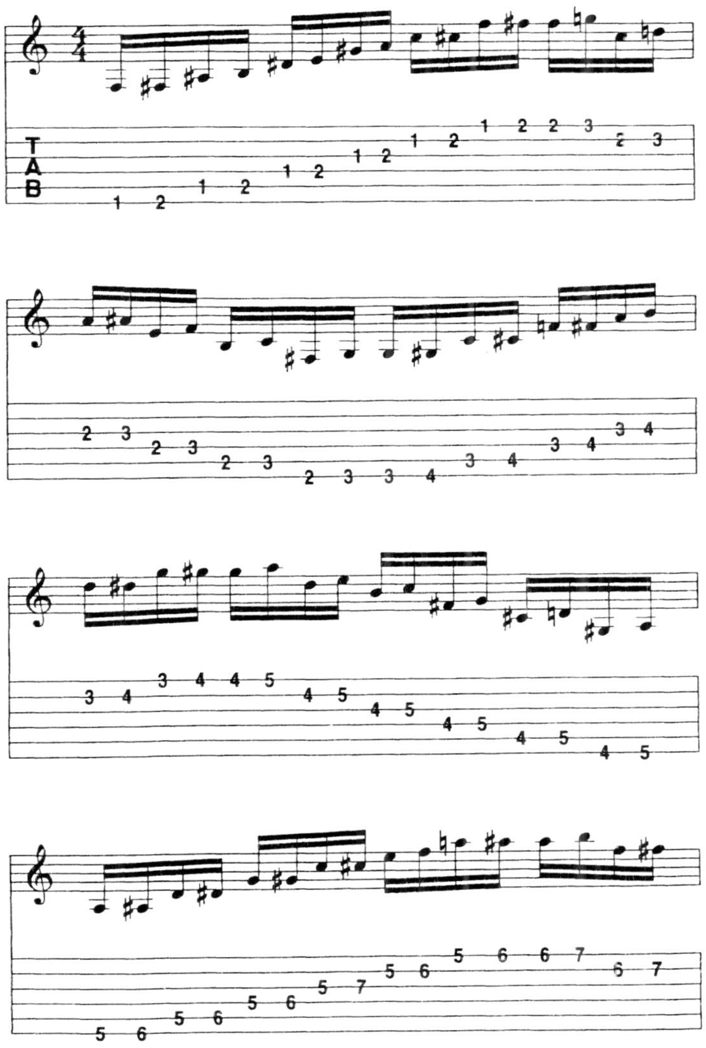

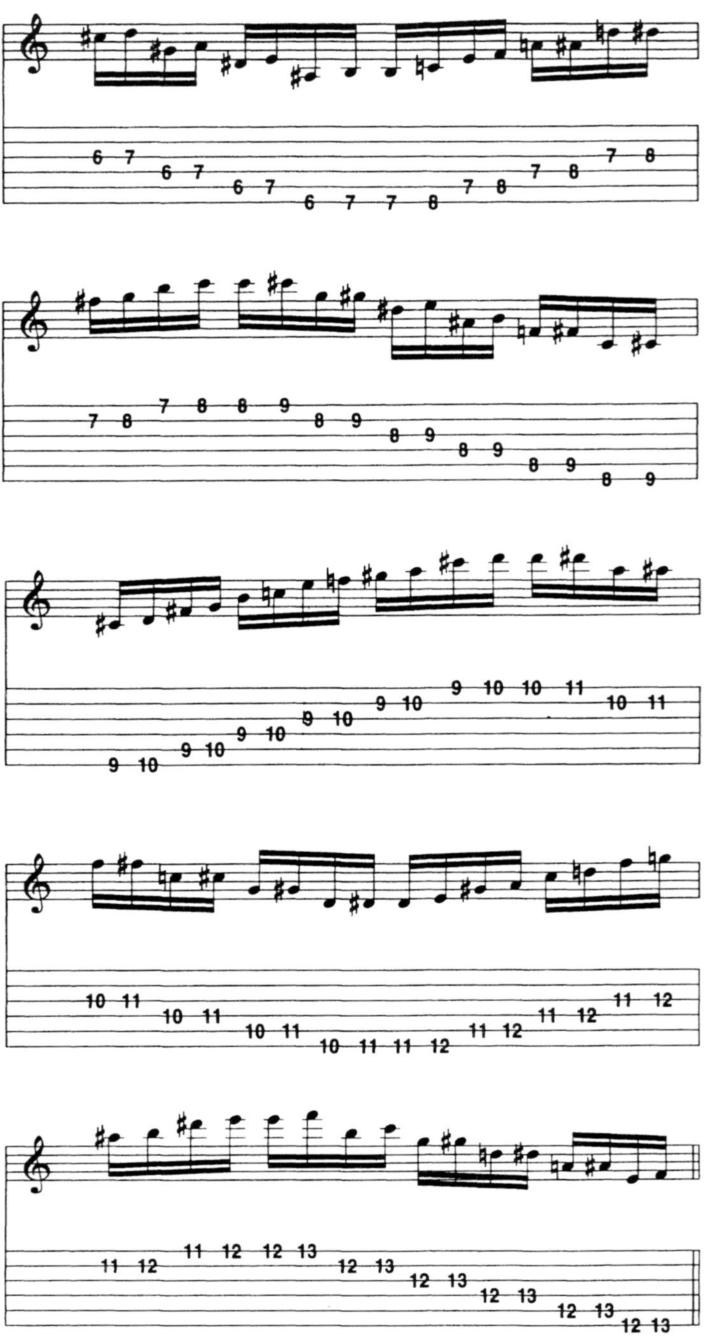

Diagrama 1

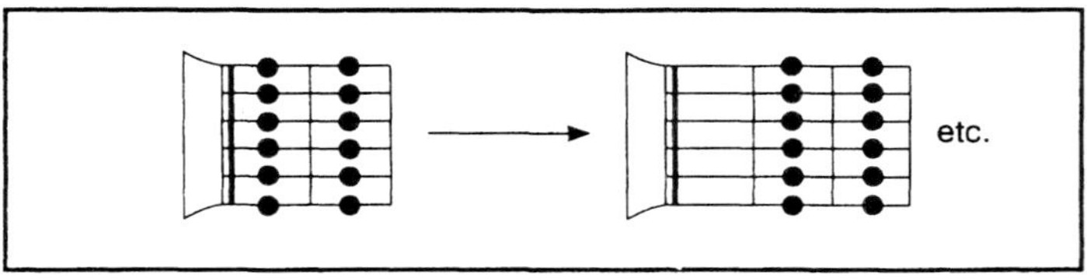

Ej. 2. Es un ejercicio para combinación de dedos 1-3, 2-4 y estiramientos para 1-2, 2-3 y 3-4.

Ej. 2

Diagrama 2

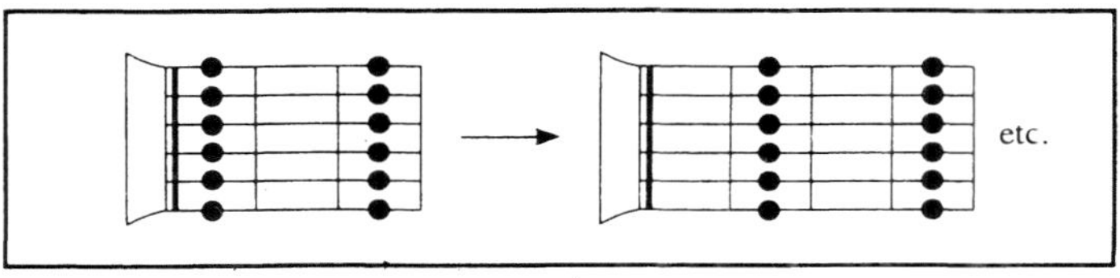

Ej. 3. Es un ejercicio para combinación de dedos 1-4 y estiramientos para 1-3 y 2-4.

Ej. 3

Diagrama 3

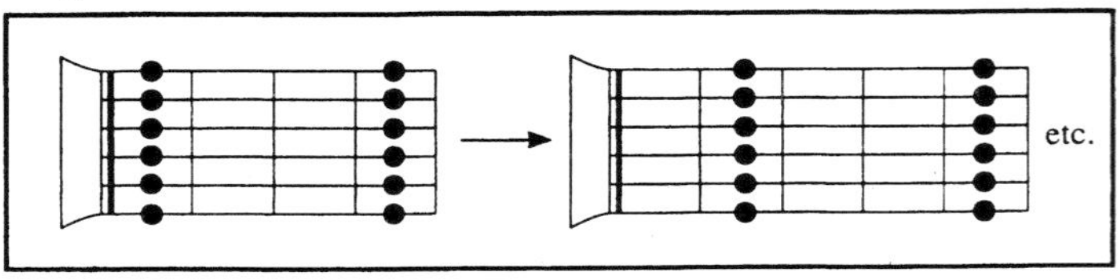

Ej. 4. Es un ejercicio para combinación de dedos y estiramientos de los 1-4.

Ej. 4

Diagrama 4

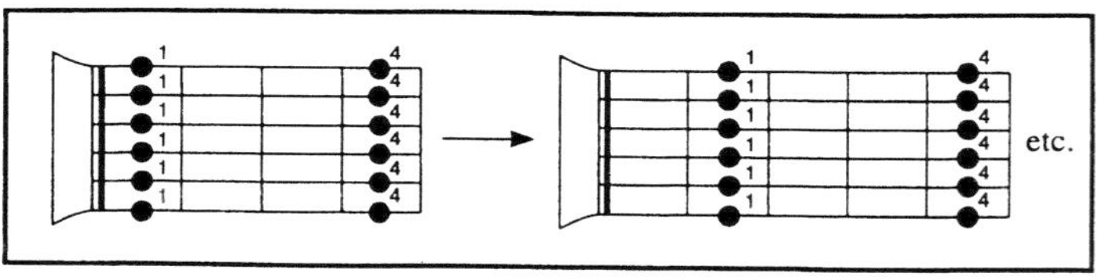

EJERCICIOS BASICOS A TRES Y CUATRO DEDOS

por ROBIN TROWER

"Hace muchos años Robert Fripp me dió un muy buen ejercicio de calentamiento, el cual he usado y uso. Tenía que usar todos mis dedos, empezando en la cuerda inferior, primer traste. Tocas una nota en cada traste, así tu sigues 1, 2, 3, 4 en la cuerda inferior y luego subes por cada cuerda de la E grave a la E aguda. Así vas por la cuerda E por cuatro trastes, la cuerda A por cuatro trastes y etc. Despúes de que hayas tocado la última nota (G♯) con tu meñique en la cuerda E aguda, muévete arriba un traste y regresa abajo por las cuerdas 4, 3, 2, 1.

Tu vas arriba cuatro trastes, luego vas arriba un traste y regresas hacia abajo. Empieza usando todos tus dedos. Luego lo que tenía que hacer es saltarme uno. Así, empiezas 1, 3, 4 siempre arriba, sube otro traste y regresa 4, 3, 1. Después sólo tienes que hacer una combinación de dos dedos cualquiera. Fue un muy buen ejercicio, sin duda alguna. Hace poner en marcha la coordinación de tus dedos. No es que lo hiciera siempre como único ejercicio, pero lo practiqué religiosamente durante el año en que me lo enseñó. Era un magnífico maestro. "

Ej. 5. Es el más básico ejercicio para cuatro dedos y es bueno para desarrollar una fuerza igual en cada dedo.

Ej. 5

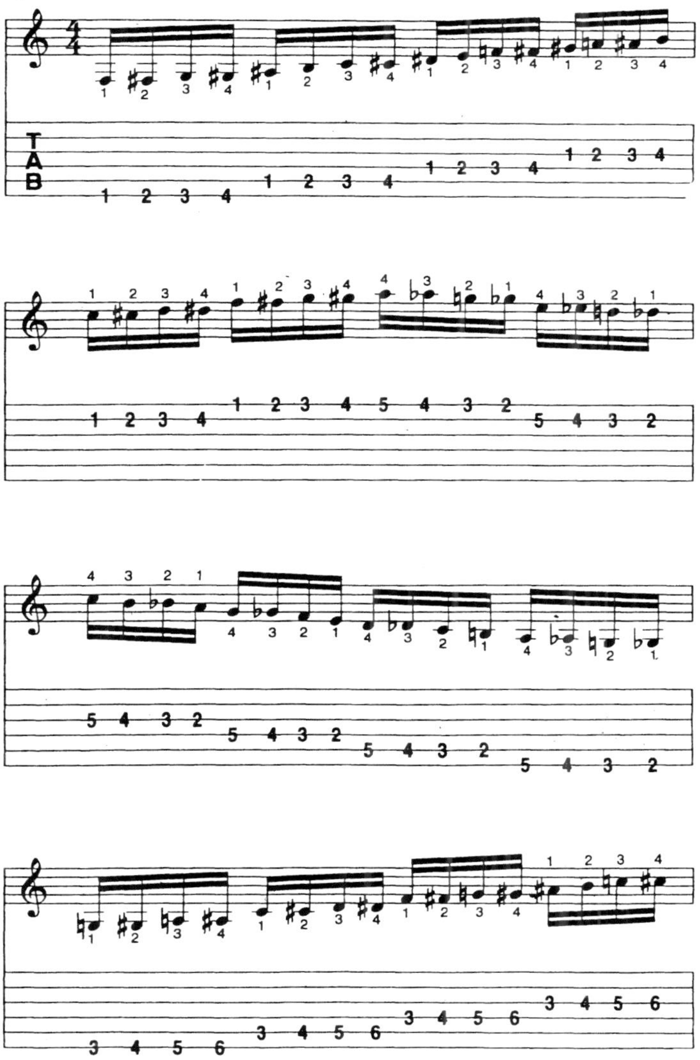

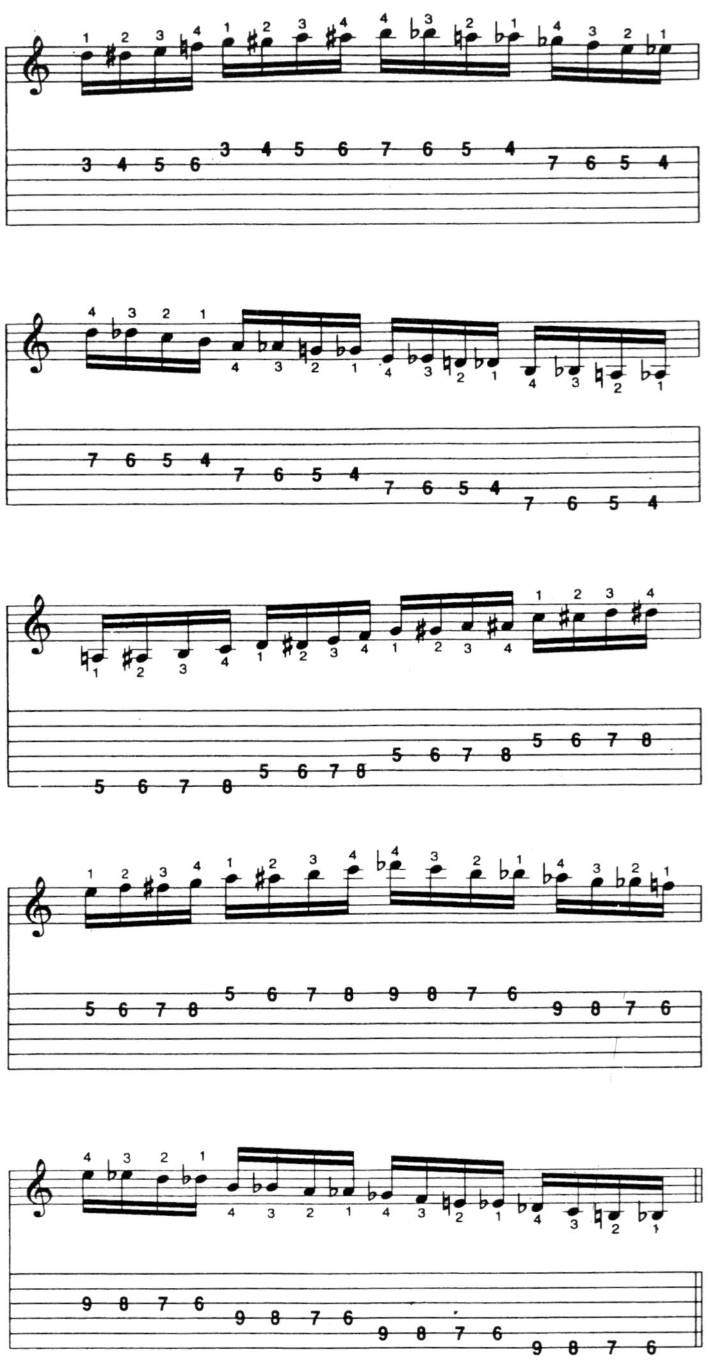

Diagrama 5

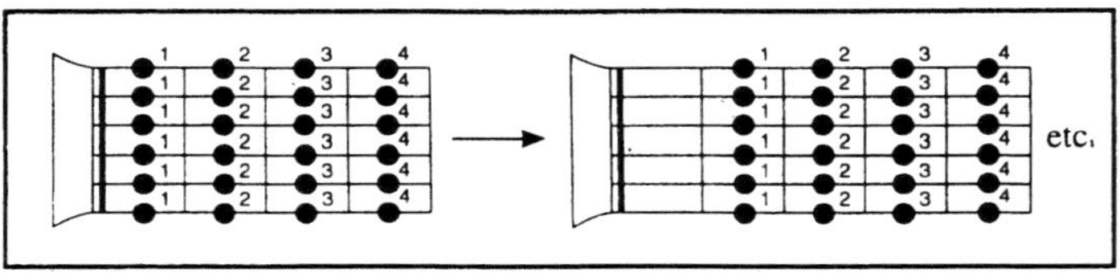

Ej. 6. Muestra uno de los ejercicios para tres dedos. Puedes ver a continuación otras combinaciones posibles:

1-2-3, 1-3-2, 2-1-3, 1-2-4, 1-4-2, 2-1-4, 1-3-4, 1-4-3, 3-1-4
2-3-4, 2-4-3, 3-2-4, 3-2-1, 2-3-1, 3-1-2, 4-2-1, 2-4-1, 4-1-2
4-3-1, 3-4-1, 4-1-3, 4-3-2, 3-4-2, 4-2-3

Pulsación para tresillos: 1. abajo-abajo-abajo
2. abajo-arriba-abajo, abajo-arriba-abajo
3. abajo-arriba-abajo, arriba-abajo-arriba

Pulsación para tresillos

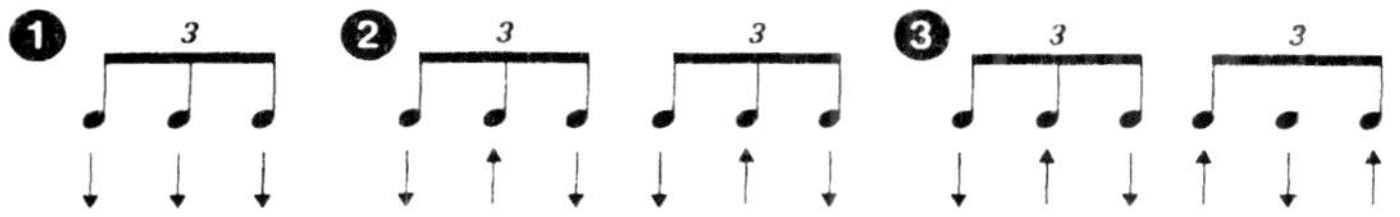

Ej. 6

Diagrama 6

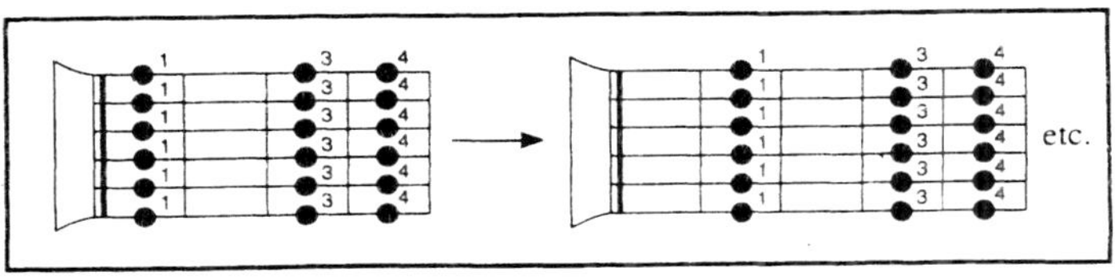

EJERCICIOS AL AZAR
A TRES DEDOS Y CUERDAS ALTERNAS
por MARTY FRIEDMAN

"Lo que hago es algo que Jason (Becker) me enseñó. No es realmente un ejercicio y lo hago mucho más simple al ejecutarlo. Usa dos cuerdas cualquiera, yo utilizo las cuerdas E y A. Puedes usar cualquier cosa con la que muevas los dedos muy, muy lentamente. No es necesario tocar los ejercicio de calentamiento rápidos. ¿Donde está el quid? Normalmente, no tengo tiempo de hacer nada, justo coger la guitarra, salir y tocar. Pruebo y repaso el primer solo antes de pisar el escenario. Si toco el primer solo, luego queda presente en mi cabeza y retenido. La adrenalina corre sin matarme. Algunas veces la adrenalina está tan ausente al principio de nuestra actuación, que casi puedo tocar el primer solo casi sin pensar. Si lo he retenido un poco en mi cabeza, puedo ir con piloto automático.

Este ejercicio podrá tocarse en todas las posiciones, en escala, fuera de escala, en extensión. Simplemente, con flexibilidad."

Ej. 7. Es la combinación que Marty describe, yendo hacia arriba en el mástil. No olvides hacer lo mismo al regresar hacia abajo por el mástil.

Ej. 7

Diagrama 7

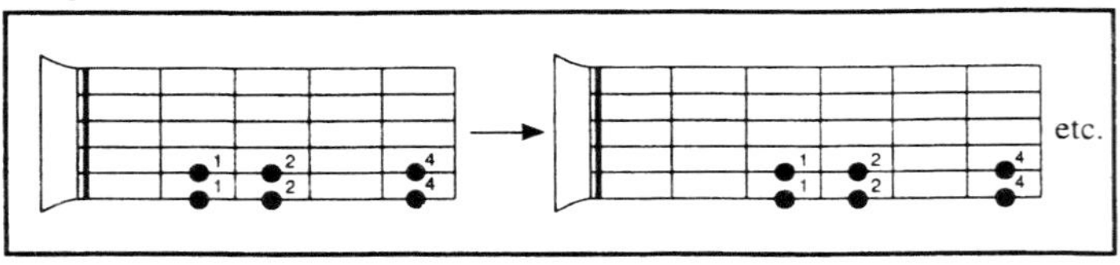

El ejercicio de Marty es una combinación de 2-4-1 y 4-1-2, la cual tiene dos posibilidades de muchas combinaciones de tres dedos como vimos en el ejercicio de Robin Trower.

Ej. 8. Es la combinación que va através del mástil. Puedes ir arriba del mástil tan lejos como desees.

Ej. 8

Diagrama 8

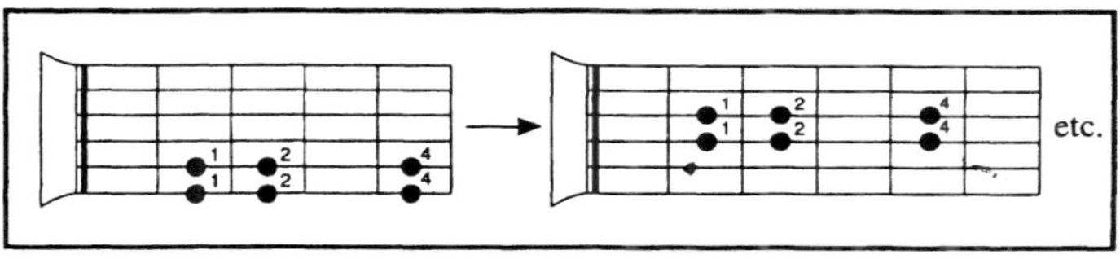

Ej. 9. Es la combinación, saltando una cuerda, yendo arriba del diapasón.

Ej. 9

Diagrama 9

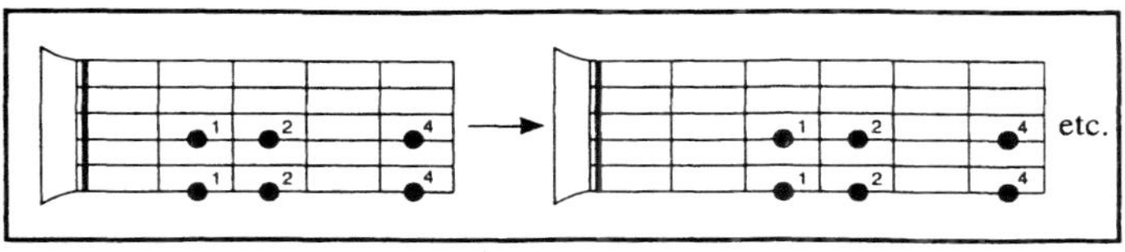

Ej. 10. Es la combinación, saltando una cuerda, a través del diapasón. Ahora experimenta con otras combinaciones a tu voluntad en la misma manera.

Ej. 10

Diagrama 10

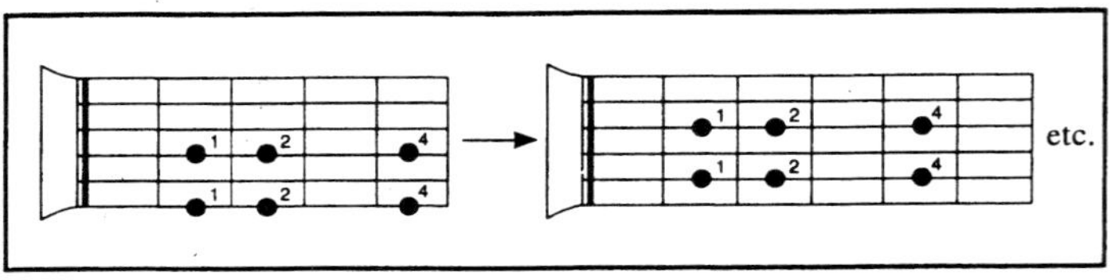

Hago precalentamiento antes de subir al escenario, pero para mi el mejor calentamiento es tocar. Tengo un pequeño kit de percusión en el vestuario, y nuestro baterista, Mike Mangini, el rey del calentamiento, hace los más estimulantes precalentamientos. Simplemente, toco con él. Creo que lo mejor que se puede hacer es usar el sentido común. Tu empiezas pulcro y lento, tanto si es algo pentatónico o cualquier cosa que elijas. Toca con un tempo lento por un rato y luego te acomodas al tema. Al final de mi calentamiento, Mike y yo estamos fuera de control, estamos tocando demasiadas notas. Pero si efectuas un correcto calentamiento, te sentirás mucho mejor cuando subas al escenario.

—Nuno Bettencourt

EJERCICIOS A TRES DEDOS USANDO ARPEGGIOS

por PETER FRAMPTON

"He conseguido la mayoría de mis ejercicios de calentamiento de Steve Morse. Empiezo en la nota A de la cuerda E grave y toco estos arpeggios, moviéndome un semitono arriba del mástil después de cada patrón. Algunas veces empiezo en G. Voy, de todos modos, arriba hasta el traste 12. Lo hago como parte de un pequeño calentamiento, en el vestuario antes de seguir. Es bueno para la mano izquierda. Pero lo haces para ambas manos realmente, debido a que usas rasgueos hacia arriba y hacia abajo. Es uno de los pocos que hago, esperando que mantega en marcha mi coordinación y también recuerda tocar a mi dedo meñique."

Ej. 11. Es el arpeggio con el que calienta Peter Frampton. Después de que alcances el traste 12, no olvides regresar hacia abajo.

Ej. 11

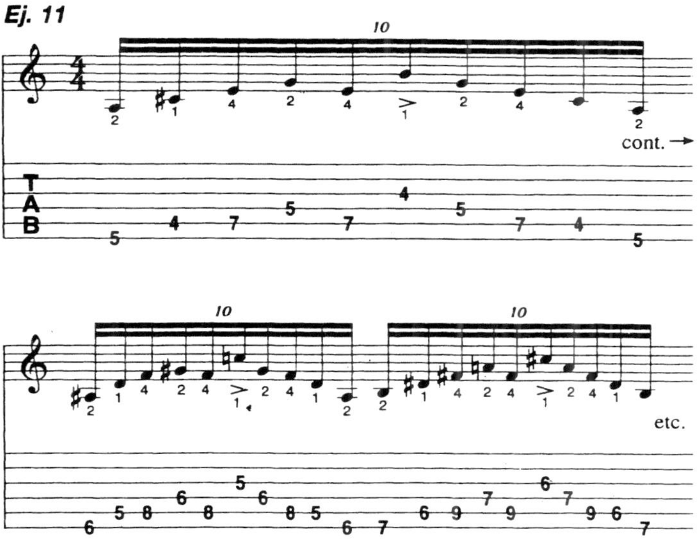

Diagrama 11

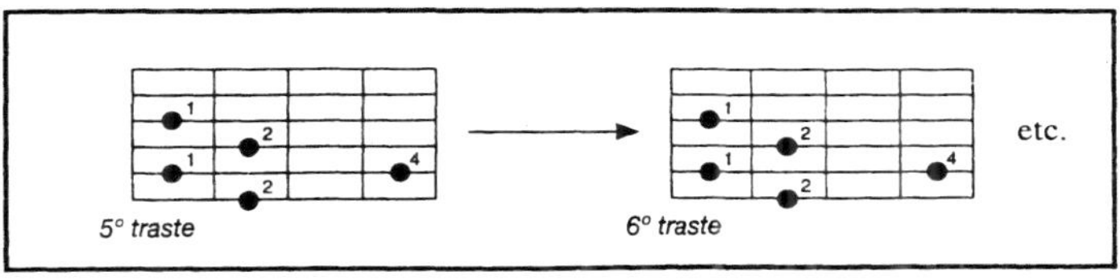

EJERCICIOS DE ESCALAS CROMATICAS Y DE PULSACION

por WARREN DeMARTINI

"Cuando caliento, es bastante simple. Sencillamente, trabajo tocando todo rasgueos hacia abajo durante un rato y luego todo rasgueos hacia arriba, gradualmente voy mezclando ambos. Todos el asunto toma como media hora. Lo hago hasta que me siento bien y luego paro y me agito un poco. Toco una escala cromática empezando con mi dedo índice en la nota A de la cuerda E y me desplazo cromáticamente hacia arriba desde allí. En vez de ir arriba a C♯ en la E, voy abajo a la C♯ en la cuerda A. Así tu mano sólo se mueve un traste. Tocas C♯ y D en la cuerda A con el dedo índice y continuas con el resto de los dedos hasta que toques F con el menique. Muévete abajo un traste y una cuerda hasta F♯ en la cuerda D. Toca esto y G con el dedo índice y sube tres trastes con los síquientes tres dedos. Continua con este patrón en la cuerda G. Cuando alcances la cuerda B, baja una cuerda, sin retroceder un traste. El dedo índice toca la E y el patrón continua por cuatro notas. Para la cuerda E aguda bajas un traste y una cuerda a G♯, en la cuerda E. Toca G♯ y A con el dedo índice y luego terminas el patrón directo arriba a C con tu meñique. Toco alrededor de esta idea. Algunas veces hago estos ejercicios cromáticamente arriba y abajo del diapasón, un par de veces a diferentes velocidades. Para mi, calentar es conseguir que las manos izquierda y derecha queden alineadas. Aprendí estos ejercicios de un amigo mio, Ron Wolfson. Es un buen modo de ponerse en movimiento. Mezclo rasgueos hacia abajo, rasgueos hacia arriba y combinaciones de los dos. Descubrí que alcanzar esta soltura era algo bueno que hacer."

Ej. 12. Muestra la escala cromática desde la A grave a la C♯ aguda, a través del mástil.

Pulsación:
1. Todos los rasgueos hacia abajo
2. Todos los rasgueos hacia arriba
3. Pulsación alternada

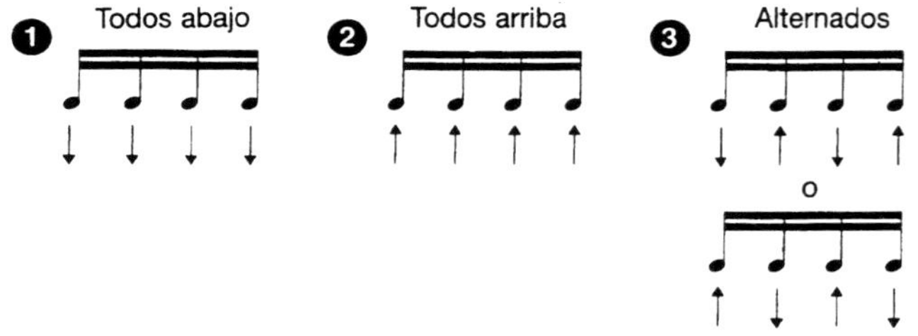

Ej. 12

Diagrama 12

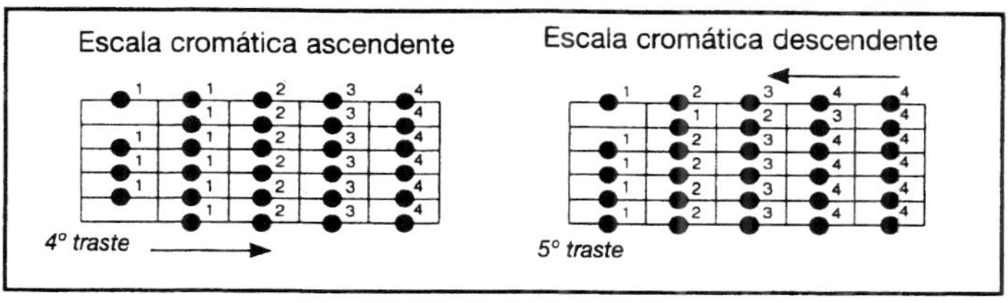

Normalmente no me limito a sentarme y practicar escalas. Creo que es la cosa más pesada. Es como comer un bocadillo pasado. No es para mi, necesito otra tipo de comida. Toco para registrar, un montón. Toco junto con "Naima" y "My Favorite Things" de John Coltrane, y pruebo de enganchar allì con McCoy (Tyner) y Elvin (Jones). Una vez que la grabación ha terminado, he hecho un excelente ejercicio de calentamiento.

Puedes tocar lo que Trane toca, así lo que puedes hacer es tocar la melodía tal como él la toca y luego prueba a enganchar allí. Cuando veas un agujero, prueba a rellenarlo al estilo de Walter Payton; cuando veas una abertura, penetra. Este es el asunto. La mayor parte del tiempo, simplemente tomo mi guitarra durante unos 15 ó 20 minutos, después debido a que Trane y Elvin Jones despegan y ya nadie puede engancharlos, reposo. Sencillamente haz lo mejor que puedas. Este es el mejor ejercicio en que puedo pensar. Una dosis diaria de Trane es el ejercicio que todo el mundo debería hacer.

—Carlos Santana

ESCALAS DE TONOS
por ROBBIE KRIEGER

"Simplemente hago algunas escalas, escalas de tonos enteros, con semitonos y alteradas. Trabajo sobre una determinada canción con la que podría tener problemas."

Una escala de tonos es una escala de seis notas constituida enteramente de tonos enteros. Así, habrá una traste entre cada nota de la escala. Lo cual significa que no hay cromatismo o semitonos en esta escala. Hay solamente dos escalas de tonos. La segunda escala de tonos empieza un traste más allá de la primera y usa las seis notas que no se usaron en la primera escala de tonos. No teniendo un centro tonal específico, cualquier nota de la escala puede actuar de nota raiz o fundamental.

Ej. 13. Es una escala de tonos en G y en 2ª posición: G, A, B, C♯ (D♭), D ♯(E♭), F. Vigila el estiramiento con el 4º dedo.

Ej. 13

Diagrama 13

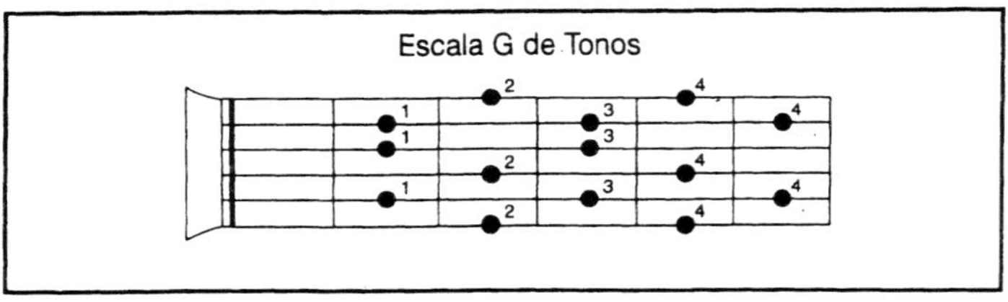

Ej. 14. Es una escala de tonos en G♯, en 4ª posición: G♯(A♭), A(♯B♭), C, D, E, F♯(G♭). Vigila el estiramiento con el 1er. dedo.

Ej. 14

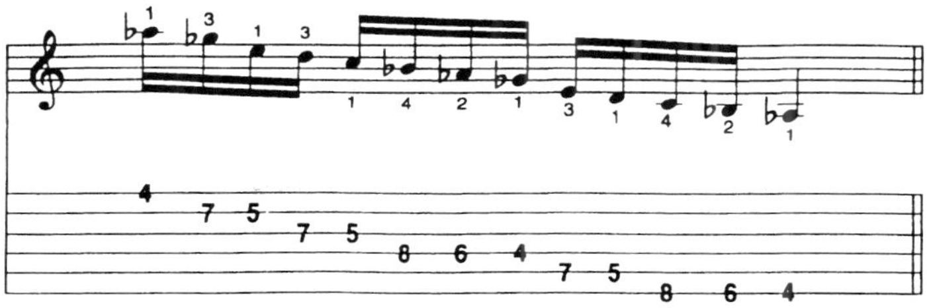

Diagrama 14

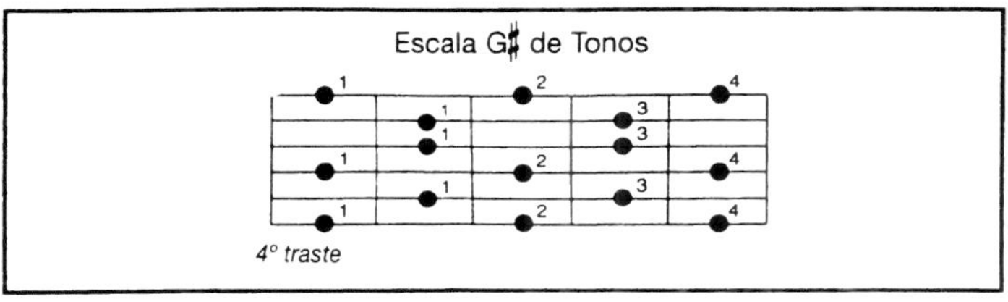

Estas son sólo dos de los muchos modos posibles de tocar una escala de tonos. Prueba a tocar sobre una cuerda, quizás empleando tres notas en cada cuerda. Como siempre, haz esta escala y ejercicio a tu aire, encontrando un lugar para ellos en tu música.

Ej. 15. Es una escala de jazz alterada, tal como mencionó Robbie. Se llama escala Super-Locria o escala Menor Melódica de Jazz, sube un semitono desde la raiz o fundamental del acorde. Aquí presentamos la escala G Super-Locria (escala G alterada). Observa que es exactamente la misma escala que la A♭ Menor Melódica Jazz, empezando desde el 7° grado, G.

Ej. 15

Diagrama 15

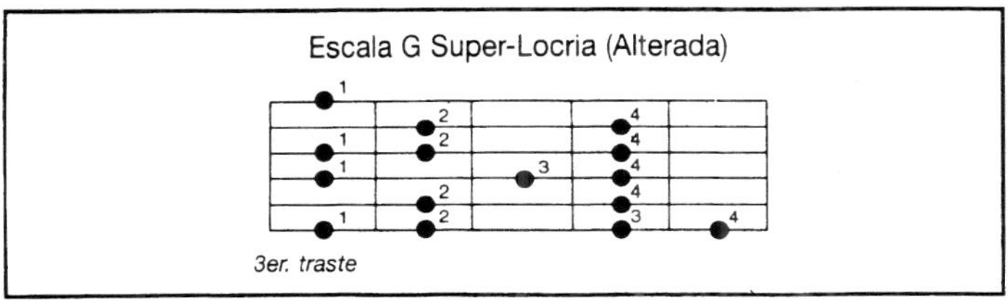

EJERCICIOS DE SECUENCIAS DE ESCALA

por MICHAEL WILTON

"He aquí un ejemplo usando una escala B mayor. Muévete arriba y regresa, sin pausa en lo alto. Empieza con una nota a la vez, luego de 4, luego de 3. Recuerda tocar legato, no staccato. Fija en tu mente en ambas manos como una sola."

NOTAS:

1. Vigila los puntos donde las transiciones de posición acaecen.

2. Recuerda que las digitaciones y el patrón de escala son sólo sugerencias, siéntete libre de experimentar.

3. Crea tus propias secuencias de patrones. Practicar escalas, usando diferentes secuencias, ha sido uno de los más efectivos modos para reforzar tu conocimiento de la escala. No sólo es un buen test para ver si conoces la escala, sinó que también te ayuda a entrenar tus dedos, tanto como tus oidos.

Ej. 16. Es la escala B Mayor en dos octavas, tal como la toca Michael.

Ej. 16

Diagrama 16

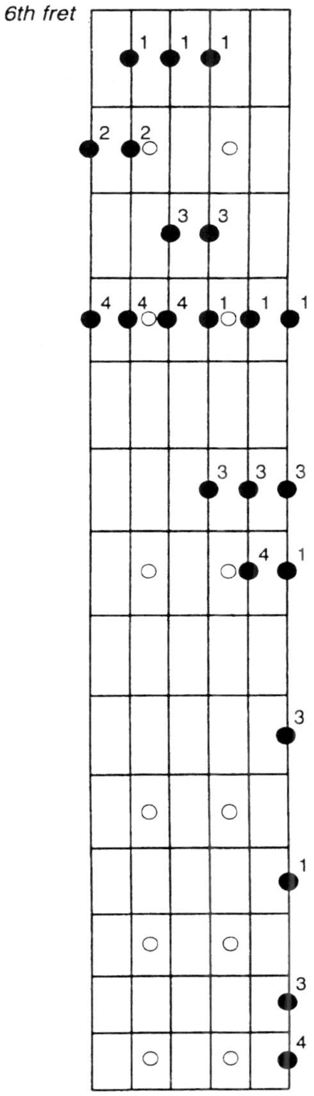

Ej. 17. Es la misma escala tocada en una secuencia de grupos de 4 notas.

Ej. 17

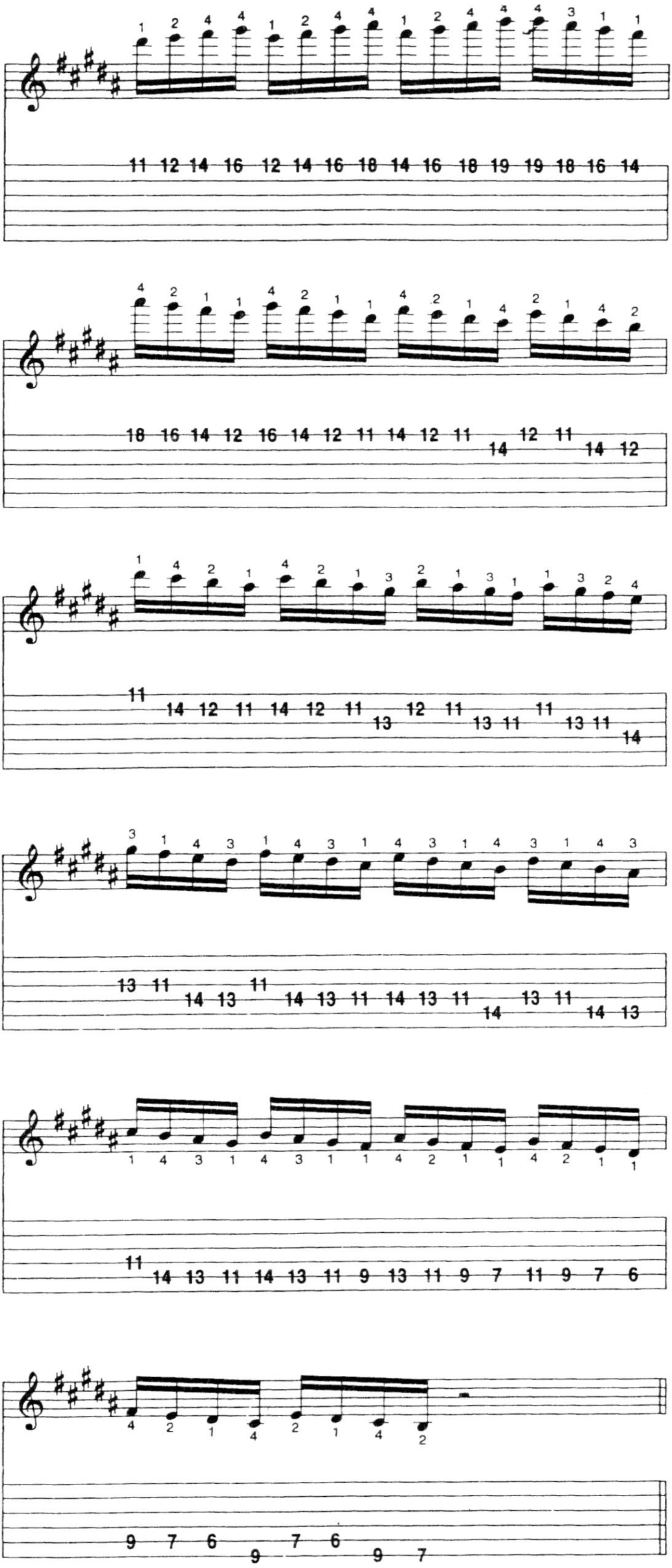

Ej. 18. Es la misma escala tocada en una secuencia de grupos de 3 notas.

Ej. 18

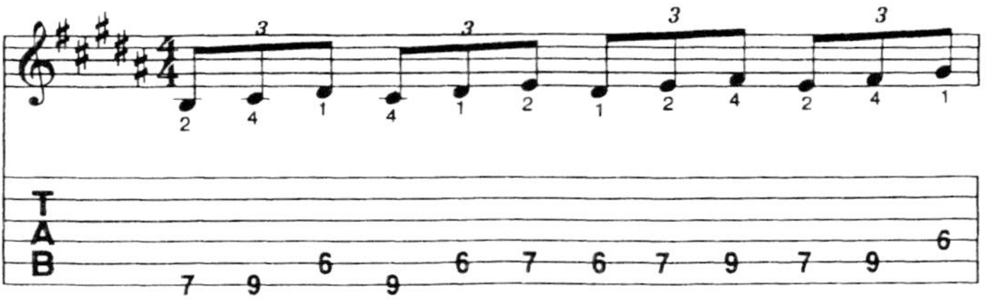

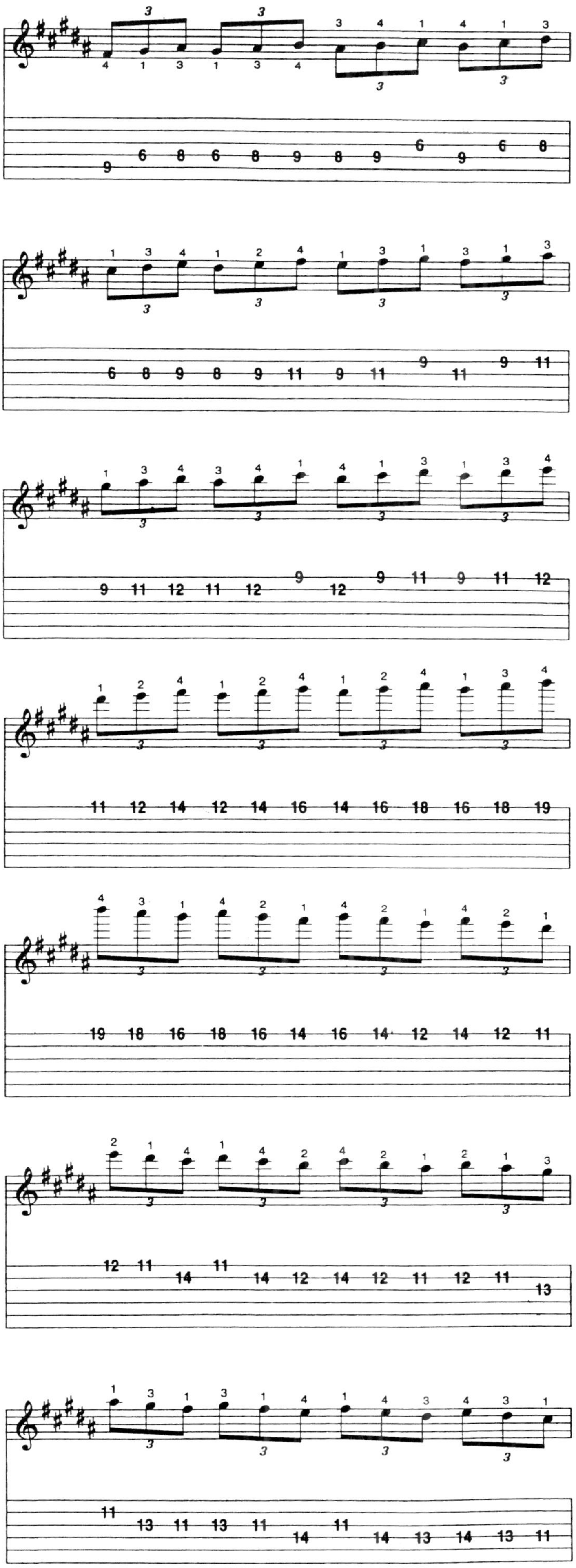

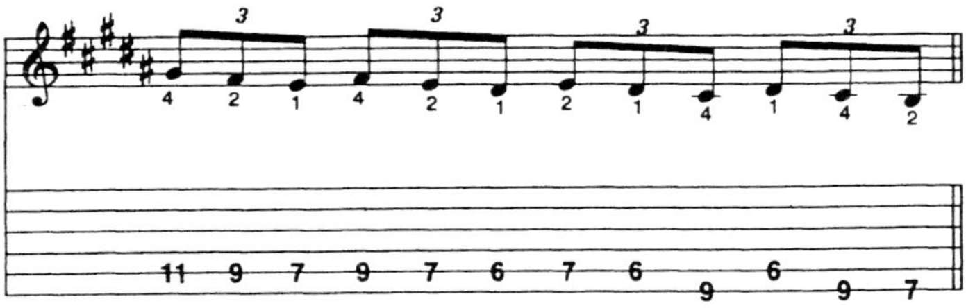

Me gusta trabajar con una 12 cuerdas antes de subir al escenario, toco algunos acordes y toco algunos solos en la 12 cuerdas. Me gusta un montón. Esto realmente refuerza tu mano. Cuando sales y coges una 6 cuerdas, estás a punto. Auténticos trozos y piezas de materia prima.

—Joe Walsh

JUNTANDOLO TODO

por STEVE MORSE

"Lo que hay que hacer durante el calentamiento es, literalmente, calentarse. Especialmente si tu piensas en tu futuro. Todos el mundo necesita empezar pensando si va a emplear su vida tocando. Piensa sobre como cuidar tus músculos y tus tendones. El primer paso es desarrollar el buen hábito de lavar tus manos en agua caliente. Esto hace que tus manos se calienten, y naturalmente, las limpia. Teniendo tus manos literalmente calientes, hace más fácil los estiramientos. Luego empieza muy lentamente con el ejercicio más fácil que te parezca bien. Esto es, haciendo tresillos. Yendo 1, 2, 3, 1, 2, 3, a través de cada cuerda, usando tres dedos. Yo hago diferentes patrones en cada posición y me muevo arriba un traste cada vez. Empiezo en la cuerda E grave en la nota F y toco F, F♯, G, luego B♭, B, C en la cuerda A y D♯, E, F en la cuerda D, etcétera; subiendo por las cuerdas y luego regreso bajando. Permanece en la primera posición y usa los dedos 2, 3 y 4 para tocar las mismas notas, empezando en F♯ y subiendo y bajando por las cuerdas. Luego pasa a la tercera posición y usa los dedos 1, 3 y 4, para hacer las escalas mayor y menor con tres notas por cuerda, repitiendo una nota de la cuerda G que tocarás en la cuerda B, o tocar un bemol 5. Esto es casi un patrón pentatónico excepto tres notas por cuerda. Puedes tocar un patrón menor o mayor pentatónico de tres notas por cuerda. Pruebo a hacerlo diferente, cada vez me muevo arriba un traste, de este modo no lo hago demasiado descuidadamente.Tienes que pensarlo un poco. La ventaja de hacerlo de este particular modo está en los cambios de dirección de la púa en cada cuerda. Tomas un ejercicio de pulsación alternada y no tendrás que preocuparte de empezar en una dirección hasta finalizar el ejercicio y luego empiezas de nuevo en la dirección contraria. Cada vez tomas una nueva dirección. En la 4ª posición, podría hacer un patrón E mixolidio empezando en G♯, A, B, C♯, D, E, F♯, G♯, A, B, C♯, D, con el primer dedo en la cuerda B, E, F♯, G♯, G♯, de nuevo en la cuarta posición con tu primer dedo A, B y regresar abajo. En 5ª posición podría hacer A disminuida. A, B, C, D, D♯, F, F♯, G♯, A, B, C, D, D♯, F, F♯, G♯, A ,B, y regresar abajo. El siguiente podría G♯ con el cuarto dedo. Ir arriba y abajo en la misma escala. Puedes desplazar la última nota y como si añadieras una nota extra, mejor entonces repetir la última nota."

Ej. 19. Son los ejercicios cromáticos 1, 2, 3 y 2, 3, 4, seguidos por la escala G Natural Menor o Eolíca (o escala B♭ Mayor), seguidos por la escala E Mixolidia (o escala A Mayor) y terminados con la escala A Disminuida, moviéndonos arriba un traste cada vez.

Ej. 19 cromática con los dedos 1-2-3

cromática con los dedos 2-3-4
escala G Natural Menor (o B♭ Mayor)

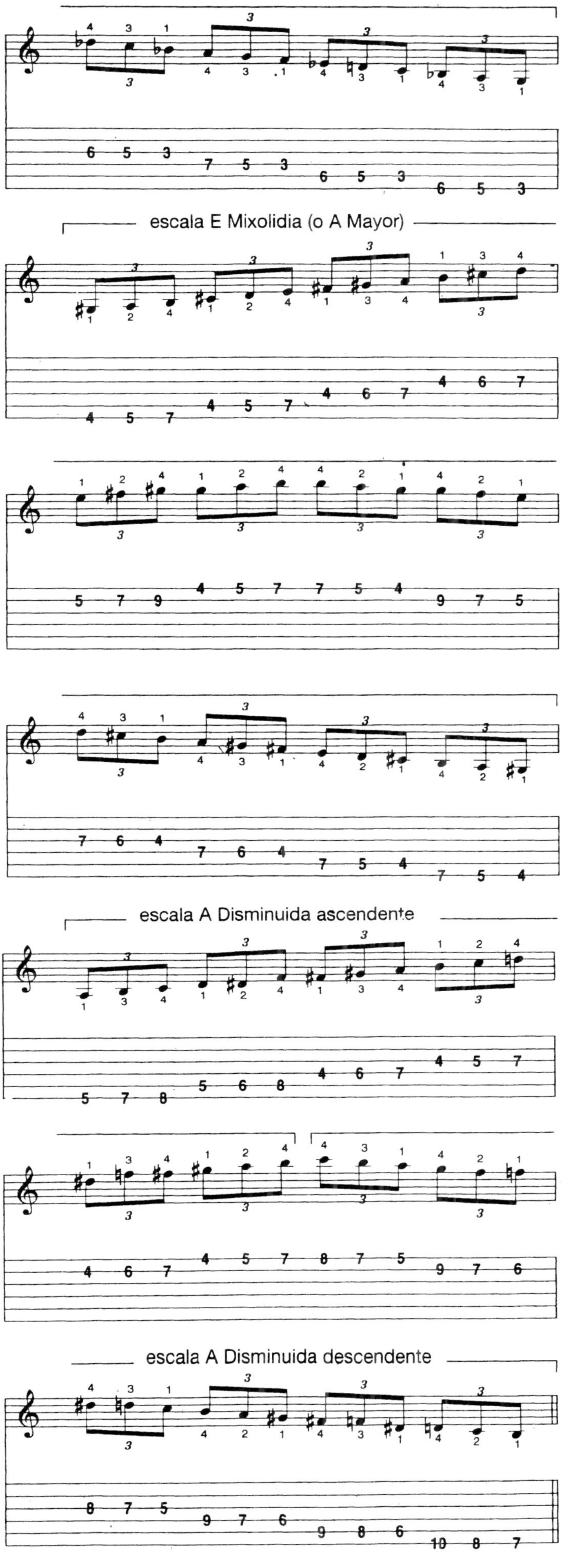
escala E Mixolidia (o A Mayor)
escala A Disminuida ascendente
escala A Disminuida descendente

Diagrama 19

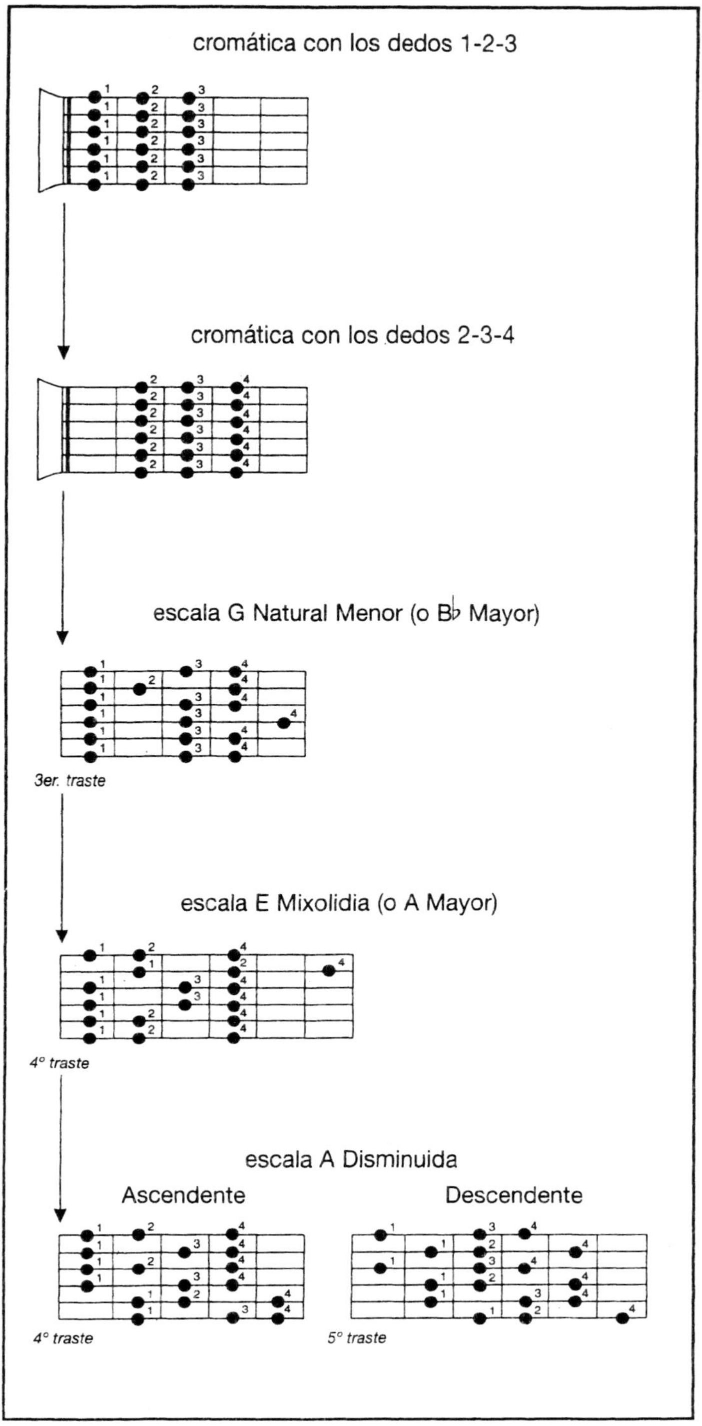
cromática con los dedos 1-2-3
cromática con los dedos 2-3-4
escala G Natural Menor (o B♭ Mayor)
3er. traste
escala E Mixolidia (o A Mayor)
4° traste
escala A Disminuida
Ascendente
Descendente
4° traste
5° traste

USO DE CANCIONES E INFLUENCIAS MENTALES

por RICHIE SAMBORA

"Las escalas nunca fueron algo que me interesara más allá de cómo ejercicios de canlentamiento, antes de un recital o en cualquier otra ocasión. Intenté gozar con ellas, pero nunca llegaron a impresionarme. Yo siempre tenía que tocar canciones y extraer emociones de ellas. Este es el modo en que calentaba. Empiezo a relajarme algo así como media hora, antes de seguir adelante, luego me siento como el fiel confidente del instrumente de mis dominios. Pero no toco canciones de Bon Jovi para calentar; dejo la espontaneidad de éstas para el escenario. Sólo toco y me meto en mis propias rutinas. Un monton de ellas tienen una orientación funk, otras blues o de otros tipos. Estoy conmigo mismo y simplemente empiezo a tocar. Muchas veces entro en diferentes influencias. Si tu quieres practicar bends sublimes, toca material de David Gilmour. "Comfortably Numb" es un maravilloso solo. Si quieres practicar tu ejecución funk toca Jimi Hendrix. Te metes dentro de la tonada y luego puedes meterla en tu cabeza y tocar alrededor de ella cambios de acordes. Un montón de veces, simplemente, toca la tonada. Nadie va a tocar como Jimi en ningún caso. No tomo realmente los licks por hablar. Simplemente sumérgete en ellos y luego muévelos. En el álbum de la banda sonora de Adventures of Ford Fairlane, hice "The Wind Cries Mary." Al final de la canción probé de usar tantos riffs con la firma de Hendrix como pude. Los puse, realmente, en tonalidad y mescolanza orquestral. Si quieres practicar tu ejecución de blues, empiezar por tocar Eric Clapton, Johnny Winter, B.B. King, o cualquier otro que a ti te vaya. Adereza tu propio vibrato. Para un más allá de canciones y cambios, nada como "Layla" por Cream. Luego puedes meterte con Zeppelin y te estarás enrollando. Tu mente se dispara en si misma y tu de conviertes en tu. Algunas veces, si no tengo bastante tiempo para el calentamiento, uso el Grip Master. Va bien tenerlo a mano, debido a hace trabajar todos los músculos precisos."

NOTA:

1. Mientras Richie calienta con sus temas, decidimos tomar algunos licks que el podría tocar y moverlos arriba en el diapasón, en una manera más tradicional de ejercicios de calentamiento. Esta es una buena manera de practicar un lick que quieras asegurar, mientras mejoras tu coordinación de manos y el entrenamiento del oido.

2. Continua estos ejercicios de la misma manera hasta arriba del diapasón y prueba otras combinaciones de cuerdas.

3. Igualmente, toma cualquier lick en el que estés trabajando y muévelo arriba y abajo del mástil, repetidamente.

Ej. 20. Es un lick tomado y arreglado de "Comfortably Numb," elevado un semitono.

Ej. 20

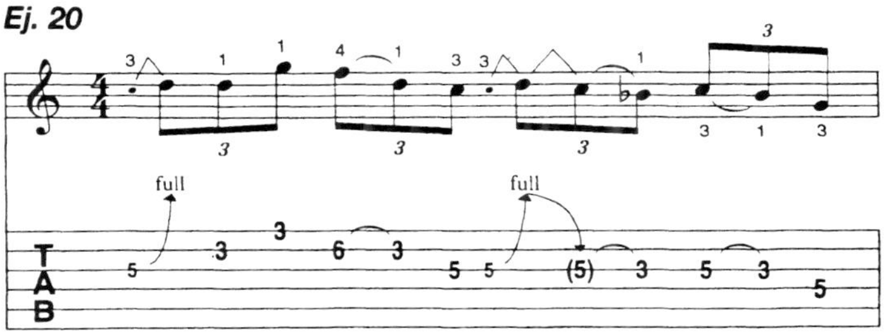

Ej. 21. Es un lick de la versión de Clapton de “Hideaway,” subiendo en semitonos.

Ej. 21

Ej. 22. Es un lick de “Stairway to Heaven,” subiendo en semitonos.

Ej. 22

BENDING AFINADO Y VIBRATO

por NEAL SCHON

"No tengo realmente ejercicios de calentamiento preparados. Quiero decir que un buen ejercicio de calentamiento para mi es estar afinado con mis toques y vibratos. Hay muchos y diferentes tipos de vibratos. Puedes sentarte al piano, utilizar un diapasón, o alguien puede cantar una nota para ti. Luego, en la cuerda G, toca una nota un tono inferior a la tocada en el piano y asegúrate que tu toque está afinado con aquella nota. Otra vez, el pianista golpea la nota y tu tocas la nota y activas el vibrato. Usa vibrato rápido, usa vibrato lento, usa vibrato extrermadamente lento y asegúrate de que la nota regresa a su punto de partida cuando la vibras. Practica simplemente manteniendo la nota siempre mientras la ejecutas. Creo que es un gran ejercicio de calentamiento para todos los nuevos guitarristas que tocan un millón de notas. Practica simplemente golpeando una nota y hacerla cantar. Prueba a ejecutarla completamente afinada con cualquier tipo de vibrato que escojas ponerle. Y déjala allí. Luego subes a la cuerda B y haces lo mismo. Subes a la cuerda E y haces lo mismo. Luego regresa a la cuerda B, regresa a la cuerda G y pisa esta cuerda y tira de ella. Luego de mueves a la D. La D es más difícil, debido a que es una cuerda entorchada. Prueba la cuerda A. Puedes hacerlo en todas las cuerdas. Yo hago esto intentando llevar mi voz junto con la guitarra. Es muy importante poder efectuar bend afinado, si quieres hacerla cantar algo como Aretha Franklin o Stevie Wonder. Tienes que alcanzar hacer este tipo de cosas."

Ej. 23. Es un ejercicio de vibrato en quinta posición con el tercer dedo moviéndose a lo largo del mástil.

NOTA:
1. Cuando añadas vibrato a una nota, relaja tu hombro y tu muñeca.
2. Mantén el sustain en cada nota por el valor de una nota redonda.
3. Concéntrate en obtener un tono claro y estable.
4. Prueba otros lugares, otros dedos y diferentes valores de notas.
5. Experimena con diferentes tipos de vibratos, tales como corto, amplio, lento, rápido, etc.

Ej. 23

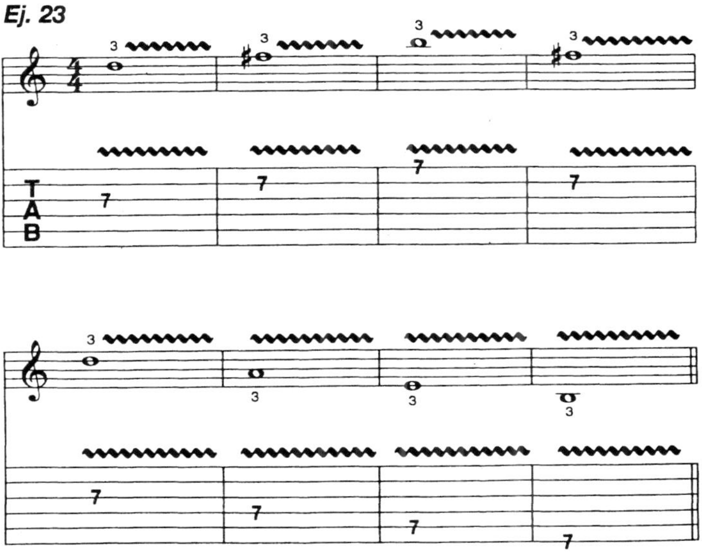

Ej. 24. Toca una cuerda E al aire (o A al aire) y déjala sonar. Usando la nota E grave (o la nota A) como tu objetivo, practica el bending de varias notas en las cuerdas E y B, hasta que estés perfectamente afinado con la nota E o A. Prueba esto también en otras cuerdas y aplica la sugerencia de Neal de tocar rápido, lento, o con vibrato extremadamente lento en cada nota.

Ej. 24

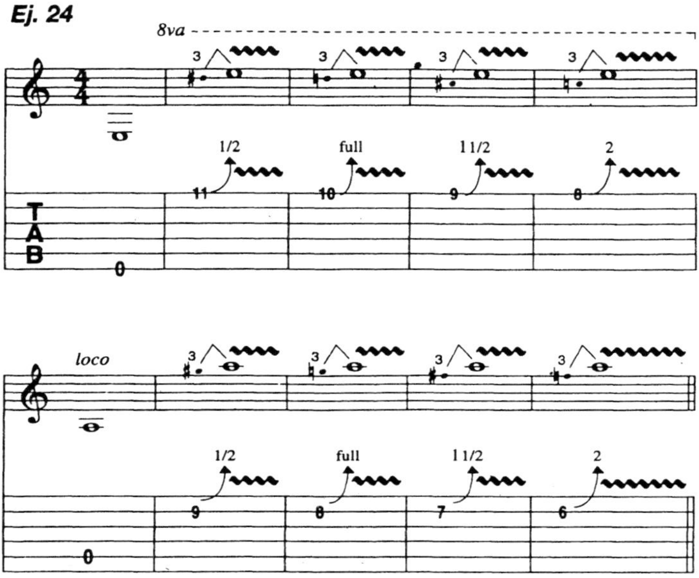

No me gusta sentarme y practicar al objeto de practicar. Caliento antes de los shows, porque pienso que es una necesidad y, así, toco mejor durante el show.

—Slash

Nunca me he sentado a practicar. Para mi, no hay mejor modo de hacerlo pesado, que sentarse y hacer la misma cosa, una y otra vez, durante mucho tiempo. Nunca seré Steve Vai debido a esto, que no es para mi. A mi simplemente me gusta tocar y hacer música. Toco con el estéreo. Esto es una diversión para mi. Puedo poner "Black in Black" de AC/DC y simplemente realizar un solo sobre el conjunto de la grabación. Este es un buen entrenamiento.

*—Scotti Hill (Skid Row)**